AF233116

LA
QUESTION D'ORIENT

CONSIDÉRÉE

SOUS LE RAPPORT MILITAIRE

PAR

M. DE MÉTIVIER DE VALS

Capitaine de la vieille Armée impériale, Auteur de plusieurs écrits militaires

PARIS
IMPRIMERIE GUIRAUDET ET JOUAUST
338, RUE SAINT-HONORÉ

1854

QUESTION D'ORIENT

AU POINT DE VUE MILITAIRE.

I.

De nombreuses et vaillantes armées ne suffisent point à une nation pour sauver son indépendance, il lui faut encore des généraux doués d'un génie militaire assez vaste pour bien comprendre les avantages résultant de l'action des masses mises, avant tout, habilement en jeu.

C'est pourquoi, la stratégie ou la science de diriger les masses sur l'échiquier de la guerre, avant d'y livrer bataille, est la première partie de l'art militaire. C'est à de belles applications de cette science que les grands capitaines de l'antiquité, aussi bien que les généraux les plus illustres des temps modernes, ont dû leurs éclatants triomphes.

La stratégie l'emporte donc sur la tactique : car il est évident que, si par des marches habiles on parvient à conduire les colonnes d'une armée sur les flancs ou sur les derrières de l'ennemi, la victoire sera presque gagnée avant d'engager le combat. La formation des troupes sur le terrain pour aller joindre l'ennemi et l'accabler n'exigera plus alors ni autant de calculs, ni d'efforts d'imagination, et dans ce cas la tactique ne jouera, en réalité, qu'un rôle secondaire.

Mahomet l'a dit avec raison : « *La guerre est un jeu au plus fin.* » Si, dans les circonstances présentes, les généraux ottomans veulent répondre par leurs actes à cette maxime de leur Prophète, ils doivent s'attacher à l'accomplissement de trois conditions :

Découvrir le point décisif du théâtre de la guerre, eu égard aux positions respectives des deux armées belligérantes ;

Combiner avec adresse les mouvements stratégiques des troupes turques pour les conduire, à l'insu de leurs adversaires, vers ce point décisif ;

Mettre dans l'exécution de leurs entreprises autant de promptitude que d'énergie.

Par des marches habilement concertées les Turcs parviendront à tromper l'armée russe, à multiplier ses craintes, à l'obliger de diviser ses forces et de les disperser sur une grande étendue pour couvrir les points menacés. Quand ces démonstrations auront produit l'effet désiré, le général en chef devra rassembler brusquement ses troupes et fondre avec elles sur l'endroit où l'ennemi est le plus faible, lui opposant en ce lieu des forces supérieures à toutes celles qu'il lui est possible d'y grouper ; il aura ainsi opéré avec des masses entières ces mouvements que le maréchal Marmont compare aux feintes de l'escrime exécutées avec l'épée dans un combat singulier.

Les graves questions qui ont amené la guerre actuelle paraissent avoir arraché les Osmanlis à l'apathie qu'on leur attribuait. Il importe que leurs généraux profitent des bonnes dispositions et de l'ardeur qu'ils manifestent pour leur demander une activité soutenue dans toutes les parties du service. Elle est principalement nécessaire dans la réunion des approvisionnements, la concentration des troupes et leurs fréquentes marches; nous disons fréquentes, car, plus grande est la mobilité d'une armée, plus elle a de chances de succès.

Il est indispensable d'organiser un réseau d'espionnage qui embrasse non seulement les cantonnements des Russes, mais encore et surtout les quartiers généraux. Cette mesure, conseillée par le Prophète, est de nature à procurer les plus utiles renseignements. Quand les généraux du sultan seront bien instruits des intentions de l'ennemi par les rapports de leurs affidés (1), il leur sera facile de déjouer ses projets, ou même d'en tirer avantage contre lui.

Un point très essentiel encore, c'est de prescrire une incessante surveillance aux troupes légères destinées à éclairer l'armée turque, placées sous les ordres d'officiers jeunes, vifs, intelligents, aventureux; ces détachements devront voltiger sur le front et les flancs de l'ennemi et le harceler en passant très souvent sur la rive gauche du Danube au moyen de légères barques.

Les Cosaques, employés à ce service dans les armées russes, sont peu dangereux dans le combat; mais il faut les aborder avec ordre et résolution; on doit vis-à-vis d'eux se bien tenir en garde, car ils sont alertes, se glissent partout

---

(1) On trouverait certainement en Valachie, province sur laquelle pèse lourdement l'invasion russe, des agents dévoués très propres à remplir cette mission.

et pénètrent hardiment jusque dans les plus petits interval-
les.

Les éclaireurs turcs jetés en enfants perdus sur la rive
gauche du fleuve, ou couvrant les avant-postes dans une
expédition, devront questionner les habitants des villages
valaques et lier avec eux d'utiles intelligences. Ils se pro-
cureront aussi des renseignements précieux en faisant des
prisonniers.Les chefs de ces corps devront instruire le quartier général de tout ce qu'ils auront appris par des rapports
très fréquents.

Pour démontrer l'utilité des recommandations qui pré-
cèdent en ce qui concerne les armées turques, et faire voir
combien il leur importe de les mettre en pratique, il nous
suffira de citer un douloureux exemple de leur négligence
à observer l'ennemi.

Si dans la désastreuse campagne de 1829 le grand visir
Reschid Pacha s'était habilement servi d'espions et d'éclaireurs, la vigilance des uns ou des autres lui eût sans doute
révélé dans son camp de Choumla, où il s'était réfugié après
la bataille de Kulectscha, les mouvements que l'armée russe
opérait autour de lui; elle lui eût appris que, dans la nuit du
14 au 15 juillet, le comte Diébitsch, masquant son adroite
évolution, faisait filer des troupes sur sa gauche en les dirigeant vers le bassin de Kamtchiek. On vit au contraire le
grand visir, négligeant les moyens usités d'observation,
rester pendant trois jours dans une inconcevable igno-
rance sur la marche des Russes, et, quand il en fut instruit,
leurs corps d'armée avaient déjà gagné trop de terrain pour
qu'il fût possible de les arrêter.

Cette coupable imprévoyance ouvrit au maréchal Diébitch le passage des Balkans. La prise d'Andrinople en fut la conséquence, et le Sultan, menacé jusque dans sa capitale, se vit contraint de signer une paix honteuse.

Initiative dans les entreprises, mobilité des masses, promptitude dans leurs mouvements, sont trois principes qui ont de tout temps caractérisé les campagnes des grands capitaines. Les Turcs eux-mêmes, dans leurs jours les plus glorieux, étaient loin de négliger ces éléments de victoire. Le prince Eugène de Savoie, leur redoutable adversaire, remarqua très judicieusement qu'ils devaient à leur habitude de prendre constamment l'offensive tous les brillants succès obtenus jusqu'à lui contre l'Autriche. Il s'empressa, durant sa campagne de 1697, d'imiter les généraux ottomans, et ne parvint à les vaincre à Zenta qu'en adoptant leur excellent système.

Nous pensons donc que, pour triompher décisivement des Russes, les Osmanlis doivent, à l'exemple de leurs aïeux, garder continuellement l'offensive, et non agir par petits détachements, comme ils l'ont fait jusqu'à ce jour : c'est une déplorable méthode, dont il ne peut résulter aucun avantage ; il faut, au contraire, agir par grandes masses, se multiplier par la rapidité des marches, et se donner toujours sur le champ de bataille la supériorité numérique.

On ne peut méconnaître chez le soldat turc l'homme fier, brave et plein d'un généreux amour-propre. Or l'initiative dans les opérations militaires double l'élan des guerriers qui possèdent ces qualités. Par l'initiative on domine la pensée de son adversaire, on le jette dans une incertitude perpétuelle sur les moyens de parer aux attaques imprévues dont il est menacé, on l'étourdit, on le déconcerte.

C'est ainsi que nous avons vu pratiquer la guerre par l'incomparable génie de Napoléon : ses attaques étaient toujours des coups de foudre qui électrisaient ses légions, frappaient de stupeur les chefs et soldats ennemis, et lui donnaient un immense ascendant pour tout le reste de la campagne.

II.

Le premier but de la campagne actuelle, c'est l'évacuation des Provinces Danubiennes par les Russes. Pour atteindre ce but, appelons à notre aide un instant les leçons de l'histoire : nous verrons par quelles fautes grossières les généraux devanciers d'Omer-Pacha compromirent leur gloire et les intérêts de l'empire dans maintes circonstances analogues à celle où se trouvent aujourd'hui les Turcs.

En juillet 1811, après la bataille de Kadiskeany, le général russe Kutusof retira ses troupes de la Bulgarie et les replia sur la rive gauche du Danube, abandonnant même l'importante place de Roustchouck. Encouragé par ses succès, le grand visir résolut d'en étendre le cours et de délivrer la Valachie : il fit donc ses préparatifs pour franchir le fleuve et se porter à la rencontre de son adversaire. Dans la nuit du 8 au 9 septembre, un débarquement partiel fut opéré à une lieue au-dessus de Giurgevo ; les Russes marchèrent en masse sur ce point, afin de rejeter les Turcs dans le Danube.

Mais le débarquement qui avait attiré leur attention n'était que simulé. Tandis que le général russe était absorbé par cette tentative, Achmet-Pacha, suivi de son armée, passait le fleuve à trois quarts de lieue plus haut et perdait un temps précieux à faire élever des retranchements sur la rive de Valachie.

Les dispositions du grand visir étaient mauvaises, le lieu de débarquement mal choisi ; ces fautes furent aggravées par une lenteur inexplicable ; les Russes en profitèrent, et, quoique d'abord très inférieurs en nombre, ils cernèrent Achmet-Pacha dans ses retranchements, appelèrent à eux deux divisions d'infanterie et six régiments de Cosaques stationnés le long du Pruth. Ce renfort vint à marches forcées joindre Kutusof. Le général russe, étant alors en mesure de resserrer étroitement les Turcs dans leur camp, les y enferma si bien qu'il les contraignit à conclure, après quelques mois de résistance, une capitulation des plus humiliantes.

Conduites sur un tout autre plan, les opérations de l'armée turque pouvaient aboutir, ce nous semble, à de plus heureux résultats. Si en effet le grand visir, au lieu de vouloir balayer devant lui toutes les troupes russes, eût ordonné de continuer de fausses attaques vers Routschouck, afin d'y captiver les regards de Kutusof et de le retenir sur les hauteurs voisines de Giurgevo ; s'il fût allé en même temps, par une rapide marche de flanc, traverser le fleuve du côté d'Hirchova et se placer avec son armée sur la ligne de retraite de son adversaire, il eût enlevé ses magasins et empêché très certainement l'arrivée de ses renforts ; alors Kutusof, tourné dans sa position de Giurgevo, séparé de sa base par le mouvement stratégique de son adversaire, se serait vu dans l'alternative de mettre bas les armes ou de subir une entière défaite.

Plus tard, dans la campagne de 1828, l'armée russe, forte de 105,500 hommes, était répartie en trois corps distincts; le 3ᵉ, le 6ᵉ et le 7ᵉ. Le 3ᵉ, fort de 50,000 combattants et de 228 bouches à feu, recevait les ordres du général Radzewitch; d'après le plan de campagne adopté par les Russes, il dut agir dans la partie orientale de la Bulgarie appelée Dobrusché, région comprise entre Silistrie, Choumla, le Danube et la mer Noire. La bataille de Navarin avait délivré les Russes de toute appréhension à l'égard de la marine turque; aussi ne craignirent-ils pas d'engager ce 3ᵉ corps entre le Danube et le Pont-Euxin, quoique privé de toute communication directe par sa droite avec le reste de l'armée.

Le 6ᵉ corps, après avoir passé le Pruth, se porta sur Jassy, s'en rendit maître, marcha sur Buckharest, et s'empara de cette capitale dans la journée du 13 mai.

Le 7ᵉ eut mission de faire le siége de Brahilow. La prise de cette forteresse, placée sur la rive gauche du Danube, devait assurer aux deux derniers corps, restés en deçà du fleuve, leurs relations avec le 3ᵉ.

Quant à l'armée ottomane, elle se composait alors de 100,000 hommes commandés par le seraskier Husseyn-Pacha. Ce chef était brave et plein d'énergie; mais, peu versé dans les notions de la grande guerre, il commit la faute d'imiter les généraux médiocres qui, voulant tout défendre, éparpillent leurs soldats sur une foule de points, et par suite n'en gardent sérieusement aucun.

Husseyn Pacha eut le tort de s'affaiblir en distribuant de

trop forts détachements dans les plus infimes places de la Bulgarie, et de venir ensuite se blottir avec 45,000 hommes dans son camp retranché de Choumla; si, au lieu de garder ainsi la défensive, il eût rassemblé dans ses mains 80,000 combattants avec une nombreuse artillerie; si, choisissant l'heure favorable, il se fût audacieusement précipité sur le corps de Radzewitch, aventuré entre le fleuve et la mer, il est probable que ce corps russe eût été battu, mis en retraite et culbuté dans les marais de Babadagh.

Après ce premier avantage, le séraskier aurait destiné une quinzaine de mille hommes à poursuivre ou à observer les débris de cette armée vaincue, et lui-même, sans perdre de temps, venant passer le Danube à Hirchova ou à Doian, serait allé fondre sur le septième corps russe, occupé au siége de Brahilow; vivement attaqués par des troupes victorieuses et supérieures en nombre, les Russes auraient été cruellement maltraités, et la place investie eût été délivrée. Serait resté le sixième corps; mais ce dernier, isolé vers Buckarest, se fût trouvé gravement compromis, et les 25,000 hommes qu'il comptait dans ses rangs n'eussent pas été difficiles à étruire.

C'est par des manœuvres de ce genre que Napoléon s'est fait admirer dans ses campagnes d'Italie. C'est ainsi que par d'ingénieux et rapides mouvements stratégiques il parvint, quoique avec des forces peu nombreuses, à vaincre, désorganiser et anéantir successivement plusieurs armées autrichiennes; saisissant le point faible de chacune d'elles, il courait les écraser les une après les autres.

III.

Arrêtons maintenant nos regards sur la Valachie, si déloyalement envahie par les Moscovites. Examinons la position qu'ils y ont prise. Voyons s'il n'est rien à changer dans le plan de conduite suivi jusqu'à ce jour par l'armée Turque.

La Valachie est presque entièrement bornée au Nord par la Transylvanie, confin militaire de l'Autriche, gouvernement neutre ; les Russes ne peuvent recevoir de ce côté ni approvisionnements ni secours ; ils ne peuvent même y trouver, en cas de revers, un lieu de refuge, à moins qu'ils ne déposent les armes.

De tous les autres côtés, le Danube forme une large ceinture derrière cette forte barrière ; à l'extrémité occidentale de la Bulgarie apparaît une pointe de la Servie, pays également neutre.

La Bulgarie, province turque, borde la rive droite du fleuve dans toute la longueur de son cours depuis la Servie jusqu'à l'embouchure du canal Saint-Georges, dans la mer Noire.

Entre la place de Rassova, vers laquelle se dessine un des grands coudes du Danube, et le port de Kustendjé sur l'Euxin, on distingue le tracé d'un canal que le fleuve suivait avant qu'il décrivît son cours dans la direction du nord, et vînt baigner Brailow, Galatz et Réni ; aux bords de ce canal, dont la longueur est de douze à quatorze lieues, se font remarquer encore des vestiges de retranchements romains nommés les remparts de Trajan ; il est probable que de nouveaux travaux de défense ont été construits sur les mêmes lieux et donnent une grande force à cette partie de la Bulgarie. L'importance de pareils ouvrages serait d'autant plus considérable que, le Dobrusché remontant le long de la frontière orientale de la Valachie, sa position crée pour les Russes un danger continuel, celui d'être tournés sur leur flanc gauche ou sur leur derrière. Les îles nombreuses qui partagent le lit du fleuve depuis Rassova jusqu'à Matchin offrent aux Turcs des passages faciles entre la rive droite et la rive gauche du fleuve.

L'étendue de la Valachie en ligne droite entre le Pruth et Widdin est d'environ cent soixante-trois lieues ; ces deux points sont donc à vingt-trois étapes l'un de l'autre, l'étape calculée à raison de sept lieues ; si, en outre du temps indispensable au parcours de ces vingt-trois étapes, il est tenu compte de cinq séjours, on reconnaîtra qu'une troupe ne saurait franchir en moins de vingt-huit jours la distance qui sépare les deux points extrêmes ; et la durée de sa marche s'accroîtrait du tiers dans l'hypothèse où elle suivrait la route qui longe le fleuve.

Quant à la largeur du territoire valaque, il paraît avoir une moyenne de 43 lieues.

C'est dans un aussi vaste et aussi long rectangle que le général Gortschakoff a répandu ses corps d'armée, les divisant et les morcelant à l'infini, afin de soumettre à ses exigences tous les centres de population de quelque importance.

Ainsi fractionnée depuis le Pruth, qui est sa base, jusqu'à Widdin, où elle présente son front d'opération, l'armée russe est évidemment mal établie, car elle occupe une ligne d'une longueur démesurée et hors de proportion avec l'effectif actuel de ses soldats.

Lors même que cette armée compterait 200,000 hommes dans ses rangs, les diverses divisions dont elle se compose, ayant à s'échelonner sur une étendue de 160 lieues, ne pourraient jamais que se trouver très mal liées entre elles ; et le vice d'une telle disposition ressort bien mieux encore si, comme on l'assure, ses forces sont loin d'atteindre le chiffre supposé.

Favorisés par l'excès du développement donné aux colonnes moscovites, les généraux d'Abdul-Medjid nous paraissent avoir depuis long-temps laissé échapper une magnifique occasion de battre leurs adversaires et de les expulser de la Valachie ; le moyen sûr d'y parvenir aurait été de se porter en masse contre le flanc aminci de l'ennemi, de percer, couper et briser la trop longue et trop faible ligne de communication sur quelques uns des nombreux points vulnérables qu'elle offrait, de s'interposer entre ses fragments et de manœuvrer contre chacun d'eux avec ensemble, vigueur et rapidité.

Une opération stratégique de cette nature, bien exécutée, eût procuré d'immenses avantages ; elle eût été féconde n combats heureux : car les Turcs, agissant avec de grandes masses, *condition essentielle,* contre des tronçons d'armée surpris, isolés et terrifiés, pouvaient ainsi mettre facilement cet ennemi en lambeaux, le détruire pièce à pièce, et en rejeter les derniers débris de l'autre côté du Pruth (1).

_____

(1) De Boukharest et Ourzitseni, centre de l'armée russe, à

Pour obtenir cet important résultat, les points de direction les plus décisifs étaient, ce nous semble, vers Bouzeo,
si l'on eût voulu frapper l'aile gauche des Russes, et, si
l'on eût préféré agir sur leur centre, Ourzitzeni sur la Sa-
lomnitza, ou Bukharest, suivant que les troupes du czar se
seraient présentées plus nombreuses ou plus divisées à l'ouest
ou à l'est de l'un de ces deux endroits.

Le mauvais état des chemins sur le sol détrempé de la Valachie n'ayant point empêché les colonnes russes de toutes
armes de parcourir cette province dans tous les sens, nous
pensons que ces embarras dans les marches n'étaient point
de nature à s'opposer aux grands mouvements offensifs que
nous venons d'indiquer (1).

Les généraux de Sa Hautesse ont compris tout autrement
la guerre; ils se sont extrêmement préoccupés jusqu'ici des
attaques de l'aile droite russe contre Kalafat, Citate et autres points en avant de Kraiova; ils ont considéré les combats de la petite Valachie, bien à tort selon nous, comme in-

---

Kraïova, où se trouve son aile droite, la distance est de près de
15 journées de marche.

De Galatz, où aboutit l'extrémité de son aile gauche, à Ourzitseni, environ 10 marches, et près de 13 jusqu'à Boukharest.

(1) 1° Le terrain eût offert aux deux adversaires d'égales difficultés; 2° les Turcs abordant des corps russes à peu près isolés, les
secours dont ceux-ci auraient eu besoin pour les sauver d'une défaite complète n'auraient pu, dans tous les cas, leur arriver que
lentement; 3° l'artillerie russe n'ayant pu se mouvoir que sur un
petit espace, son action eût été moindre; et, dès lors, l'élan dont
paraissent animés les soldats turcs s'y serait développé avec plus
d'avantage.

diquant chez le comte Gortschakoff l'intention arrêtée de pénétrer en Bulgarie par cette voie, de marcher sur Sophia et de tourner les défilés de l'Hœmus par la région occidentale de ces montagnes.

Imbus de cette erreur, les généraux ottomans se sont empressés d'accumuler une forte armée autour de Widdin; et, si nous en croyons une correspondance du Danube, ses troupes seraient distribuées de la manière suivante :

A Kalafat ou à Widdin environ 50,000 hommes, munis d'une nombreuse artillerie, plus une réserve de 40,000 hommes cantonnés entre Rahova, Widdin et Sophia.

Voilà donc 90,000 hommes placés sur le haut Danube pour s'y opposer à une invasion, qui, de ce côté, n'est pas aujourd'hui sérieuse. Cette concentration, si elle est réelle, nous paraît mal conçue; elle grossit, en effet, une armée secondaire sans motif raisonnable, et elle affaiblit d'autant l'armée principale, celle du moyen et du bas Danube, qui, dans un système de guerre bien entendu, devrait être appelée à frapper les plus rudes coups.

En examinant attentivement la situation actuelle de l'armée russe, on reconnaît aisément qu'elle n'est pas en mesure d'exécuter le vaste plan de campagne qu'on lui suppose, bien qu'il soit entré probablement dans les vues du Czar. Les Moscovites ne peuvent plus, en effet, appuyer aujourd'hui, comme en 1828 et 1829, la marche offensive de leurs troupes par la présence de leur flotte sur les côtes de la mer Noire. Les défilés du centre des Balkhans sont couverts par le formidable camp retranché de Choumla, et il serait téméraire d'en tenter le passage. Si le Czar a donc résolu d'envahir la Roumélie, il nous paraît évident qu'il n'a guère d'autre voie, pour y faire pénétrer ses soldats, que la partie occidentale de l'Hœmus.

Mais une marche dans cette direction rencontrerait beaucoup de difficultés : aussi nous sommes persuadés que les Russes ne peuvent encore l'entreprendre, 1° parceque l'effectif de leurs troupes en Valachie n'est pas en ce moment assez considérable ; 2° parceque la présence des escadres alliées dans la mer Noire, en leur interdisant la navigation de cette mer et mettant obstacle à un libre parcours du Danube, leur ôte les moyens de s'approvisionner en vivres et en munitions ; 3° parceque le général Gortschakoff, quelle que soit sa témérité, si orgueilleux que puisse être son dédain pour la valeur des troupes turques, n'osera cependant pas s'avancer en Roumélie sans avoir pris les précautions indiquées par la prudence la plus vulgaire. Il faut donc qu'il soit maître au préalable de certaines positions essentielles, par exemple des deux rives du bas Danube ; il faut que l'alliance ou au moins la constante neutralité de l'Autriche lui soit garantie ; il est nécessaire enfin, en admettant cette dernière hypothèse, qu'il réunisse dans la Valachie une armée d'observation et un matériel suffisant pour protéger les flancs des colonnes expéditionnaires lancées sur Andrinople et les Dardanelles.

D'après ces diverses considérations, nos alliés nous paraissent avoir attaché beaucoup trop d'importance soit à la présence de l'aile droite russe dans la Petite-Valachie, soit à ses vives attaques ; il n'y a eu là que de simples démonstrations ou des feintes vigoureusement exécutées pour amener les Turcs à se découvrir sur d'autres points dont la possession est indispensable à la réalisation de projets ultérieurs.

Nous ne serions pas étonnés que, dans les vues de la Russie, la campagne ne dût s'ouvrir par l'envahissement de la Bulgarie Dobrusché. La possession de cette pointe orientale donnerait aux Russes les deux rives du Danube jusqu'à Rassova, et leur permettrait d'utiliser le Pruth au transport de leurs approvisionnements.

Nous avons peine à nous expliquer comment, dès le début des hostilités, les généraux ottomans, dont on célèbre les connaissances et l'habilité, n'ont pas songé que, pour contraindre l'aile droite des Russes à une prompte retraite, il suffisait de forcer le passage du Danube et de tomber à bras raccourci sur leur centre ou sur leur aile gauche. On eût écrasé le corps attaqué sous le poids du nombre, et, quand il eût été battu, l'aile droite n'eût pas manqué de rétrograder à la hâte, pressée par de trop justes appréhensions.

Quel a donc été l'espoir des chefs de l'armée turque lorsqu'ils ont négligé cette grande mesure offensive si naturellement indiquée par la mauvaise disposition des Russes? Que peuvent-ils se promettre de leurs troupes concentrées sur le haut Danube? Que gagnent-ils à se porter en tête de l'ennemi dans la Petite Valachie, pour le combattre de front? Ne voient-ils pas que des batailles engagées dans cette direction, surtout de cette manière, ne pourraient jamais, fussent-elles heureuses, leur procurer que des triomphes éphémères? Les Russes, en se repliant sur leurs échelons, grossiraient successivement leurs forces, et en outre les nombreuses rivières qui descendent des Karpathes au Danube, coupant transversalement le sol de la Valachie, leur offriraient une série de lignes de défense derrière lesquelles il leur serait facile de verser à flots le sang de leurs vainqueurs et de ralentir leur impétueuse poursuite.

IV.

Ne nous lassons pas d'invoquer l'histoire, elle seule peut guider sûrement les hommes appelés aux grands commandements des armées. Empruntons, à cet effet, aux immortelles campagnes de Napoléon, quelques exemples des savants et irrésistibles mouvements stratégiques qui ont amené ses brillants triomphes.

En 1800 les Autrichiens reconquièrent toute l'Italie, les Français sont ramenés jusqu'à la frontière du Var, l'invasion des provinces méridionales est imminente : en cette effrayante conjoncture, Napoléon devient premier consul et chef du gouvernement ; il jette son regard d'aigle sur le théâtre de la guerre, et découvre dès l'abord le point décisif de la campagne nouvelle.

Il ne va pas joindre ses troupes à celle du général Suchet, retranchées derrière le Var, pour marcher ensuite ensemble à la rencontre des Autrichiens ; non, son armée particulière doit recevoir une direction beaucoup plus savante.

Napoléon lui fait gravir les Alpes par le Saint-Bernard, la précipite comme un torrent dans les plaines de la Lombardie, vient hardiment se placer à 50 lieues en arrière de l'armée autrichienne, et coupe ainsi la ligne de communication de son adversaire. Melas, surpris par cette manœuvre stratégique, comprend aussitôt la gravité de sa position ; il se hâte d'évacuer Gênes ; il cherche à quitter le Piémont afin de regagner l'Adige, sa base d'opération. Mais Napoléon l'arrête dans sa marche rétrograde, le bat à Marengo, et le repousse dans Alexandrie, où il oblige cette belle armée autrichienne, naguère si victorieuse, à déposer les armes devant les Français.

Son brillant système d'opérer sur les parties faibles de l'ennemi apparaît avec un nouvel éclat dans la guerre de 1805.

L'empereur d'Autriche a repris les hostilités ; le comte Mack, à la tête des Autrichiens, envahit la Bavière, pays allié de la France, il s'avance vers le Rhin ; il espère occuper l'Alsace avant que les troupes de Napoléon, campées alors sur les côtes de la Manche, aient pu secourir cette province.

Mais l'active vigilance de l'empereur a prévu les intentions de l'ennemi. Or, ce n'est pas en se portant au devant de lui pour l'arrêter et le combattre de front, qu'il déjouera ses projets ; son vaste génie lui inspire une pensée plus sûre, plus brillante et plus décisive : c'est de tourner complétement son adversaire.

De son camp de Boulogne, il trace à chacun des six corps d'armée dont il dispose un admirable itinéraire : celui de droite, après avoir passé le Rhin, se montre vers les sources du Danube ; dans le même temps, les autres corps, exécutant un large mouvement de conversion, la gauche en avant, viennent à l'improviste franchir le Danube à Donawerth, enveloppent le général Mack, battent séparément plusieurs de ses divisions, le cernent dans Ulm avec les restes de son armée, et l'obligent enfin à se rendre prisonnier de guerre.

C'est de cette manière qu'en dirigeant les colonnes françaises sur plusieurs lignes pour prendre à revers l'ennemi, en les réunissant à jour fixe pour combattre ensemble, Napoléon parvint à détruire en vingt jours une armée de 80,000 Autrichiens.

Continuons à feuilleter les pages napoléoniennes : l'année suivante, 1806, le roi de Prusse entre en campagne contre nous ; il met 140,000 hommes sous les ordres du duc de Brunswick. Quel beau coup d'œil alors que celui de l'armée prussienne ! On la considérait en Europe comme la plus instruite dans les détails du service intérieur, elle connaissait merveilleusement le mécanisme de toutes les manœuvres a exécuter sur un terrain d'exercice ; mais ses chefs, observateurs minutieux des règlements de tactique, s'étaient malheureusement absorbés dans cette unique étude.

Quant au duc de Brunswick, sans posséder le coup d'œil, la résolution de caractère et l'activité de son illustre maître, le grand Frédéric, sous lequel il avait fait la guerre, il était doué néanmoins d'un esprit militaire exercé.

Après avoir rassemblé ses troupes, le général en chef prussien leur fit prendre position derrière les défilés de la forêt de Thuringe.

Napoléon possédait trop bien le jeu de la guerre pour aller vulgairement heurter en face la redoutable armée qu'on lui opposait. Loin de commettre cette maladresse, il manœuvre pour gagner le flanc de son adversaire et rendre

inutile par cette évolution la supériorité de tactique division-
naire que pouvait avoir l'ennemi, principalement dans sa ca-
valerie.

L'Empereur cherche donc en apparence à forcer les défilés qui couvrent la position des Prussiens et des Saxons,
et, profitant des craintes qu'il a su leur inspirer de ce côté,
il précipite la marche de ses soldats vers l'extrême gauche
de l'ennemi, il gagne ainsi la rive droite de la Saale, des-
cend cette rivière jusqu'à Iéna, envoie Davoust, à la tête de
26,000 hommes, occuper le pont de Naumbourg, et lui
donne l'ordre de barrer cette issue dans le cas où les Prussiens tenteraient d'y passer en rétrogradant du côté de Berlin.

Le 13 octobre, Napoléon, à la tête de sa garde et du
corps du maréchal Lanne, passe, sans être aperçu, de la rive
droite à la rive gauche de la Saale ; il occupe les hauteurs
de Iéna, appelle à lui les autres corps d'armée, et le 14 au
matin il s'élance contre les 50,000 hommes du prince de
Hohenlohe, mal échelonnnés sur la route de Iéna à Weimar.
Ce général est surpris et battu ; ses troupes se dispersent dans
le plus affreux désordre. L'Empereur les fait poursuivre
l'épée dans les reins jusqu'à plusieurs lieues au delà de Weimar, et vient établir son quartier général dans cette ville.

De son côté le maréchal Davoust, placé sur les hauteurs
d'Auerstaedt en avant de Naumbourg, se voit assailli par la
fraction de l'armée prussienne que dirigent le roi et le duc
de Brunswick. Appréciant toute l'importance de sa position,
il présente d'abord une barrière de fer aux énergiques efforts
de cette masse d'ennemis, puis, les attaquant à son tour, il
les oblige à une retraite précipitée.

Bientôt les fuyards des deux armées vaincues se rencontrent, se font part de leur mutuel désastre, et, tous également frappés d'épouvante, se sauvent à la débandade, cherchant à gagner les places fortes de l'Elbe. Mais Napoléon, imprimant une extrême mobilité à ses divisions, devance et défait de nouveau les malheureux Prussiens partout où ils essaient d'opposer quelque résistance ; enfin, le 28 octobre, les derniers débris de cette magnifique armée, conduits par le prince de Hohenlohe, sont réduits à capituler autour de Preuslow.

Quatorze jours suffirent donc au génie de Napoléon pour anéantir les 140,000 courageux soldats du roi de Prusse et conquérir presque tout son royaume.

A quelle cause faut-il attribuer ces étonnants succès, si ce n'est à la savante stratégie de ce grand homme de guerre, à ses hardies conceptions, à la rapidité de mouvements qu'il exigeait de ses troupes, et à son système d'incessante offensive qu'il pratiqua jusqu'au dernier moment ? Ses nombreuses campagnes offrent une série de traits semblables à ceux que nous venons de rappeler ; nous n'avons cité que les plus remarquables.

Voilà de sublimes modèles à suivre ; voilà ceux que les généraux ottomans auraient dû étudier avec soin, afin de chercher à les imiter.

Il ressort de ces exemples qu'il ne suffit point aux généraux d'être braves et de savoir ranger tactiquement des troupes sur le terrain du combat, mais qu'il est essentiel par dessus tout, pour le triomphe de leur armée, la sûreté de la nation et leur gloire personnelle, qu'ils sachent choisir leur champ de bataille, et, pour cela, combiner leurs opérations de manière à le porter toujours sur le point le plus faible des positions de l'ennemi.

Nous terminons cet écrit par une pénible réflexion : c'est que les Moscovites agissent en Valachie comme s'ils ne tenaient aucun compte de la présence de l'armée turque, et, depuis plus de deux mois, les chefs ottomans persistent à se maintenir dans une fâcheuse défensive. Il leur eût été cependant facile, comme nous l'avons montré, de châtier sévèrement l'insolent mépris de leurs adversaires en agissant par masse contre le centre ou l'aile gauche de l'armée russe. Le succès infaillible d'un mouvement hardi dans ce sens aurait eu l'avantage d'inspirer une salutaire confiance aux deux nations alliées, et probablement déterminé l'Autriche à se prononcer en faveur du sultan. Ce dernier événement pourra-t-il encore être amené ?

Arrêtons nous ici : la France et l'Angleterre, allant entrer dans la lutte, sauront imprimer une tout autre allure aux opérations de cette grande guerre.

www.ingramcontent.com/pod-product-compliance
Lightning Source LLC
LaVergne TN
LVHW050331030726
842520LV00005B/1885